W0281783

Eva-Maria Altemöller

Über das *Glück* und die Kunst, Kirschmarmelade zu kochen

Rothenburg 20. Jan 65

Das Herz

ist der Schlüssel der Welt

und des Lebens.

NOVALIS

Da stand es nun, Großmutters Nähkästchen, sorgfältig in eine dicke graue Filzdecke gehüllt. Die Spediteure hatten es mitten in den Hausgang gestellt, ebenso wie den kunstvoll aus altem Kirschbaum gefertigten Lehnstuhl, der dazugehörte und den Sophie mir auch vermacht hatte. Ich strich über das wunderbar glatte, rötliche Holz und fühlte diese Wärme, die der Baum, aus dem es gearbeitet war, in tausenden von Sonnenstunden gesammelt hatte und die er bis heute noch an uns abzugeben bereit war. Ach, und da war dann noch dieser alte rostige Schlüssel, der offensichtlich zum Nähkästchen gehörte.

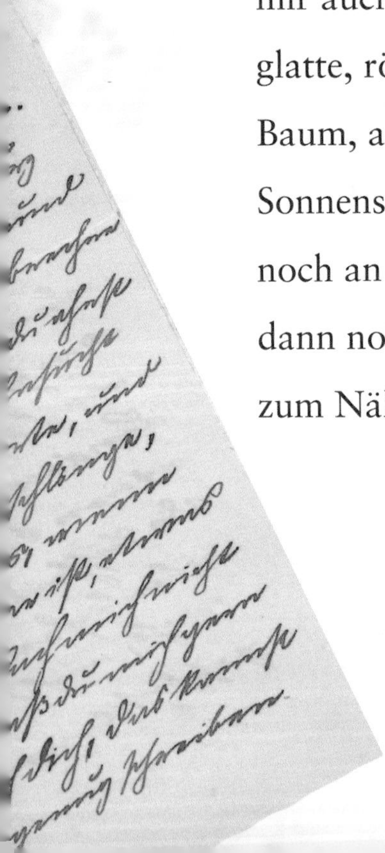

Liebes Schatzi! Hoffentlich ist das
Wetter beim Wachsen schön gewesen,
so daß du von meinem Zimmer über-
zeugt bist, ich will mir einen
Onkel wünschen, die [illegible]
Brief[illegible]
[illegible]
alle[illegible]
Brief [illegible]
Schu[illegible]
gew[illegible]
[illegible]
nach Kr[illegible]
zu nicht[illegible]
ich deinen Brief [illegible] Geschichte
wie ich jedes Wort verschlungen, und d[illegible]
schreibe bitte möglichst immer
ob dir wiedermal [illegible] ist, etwas
recht und davon, [illegible] nicht
usw., schreibe nur daß du mich gern
hast, so liebe mir ich dich, das kannst
du gewiß oft genug schreiben.

Kö[illegible]

Mein lie[illegible]
Eben kam ich [illegible]
zurück und f[illegible]
Sei herzlich be[illegible]
was du in d[illegible]
hast hast, ich [illegible]
Zuckerstückchen [illegible]
an dich denken, [illegible]
Rückkehr immer [illegible]
dich denke mir [illegible]
[illegible] ich mir bald [illegible]
dich wiedersehen) zu [illegible]
Mutter den herzlichsten [illegible]
Trotzdem sich diesmal [illegible]
etwas verzögert hat [illegible]
gleich wieder schreiben [illegible]
du nicht die gleiche [illegible]
über mich freuen kann [illegible]
Ich muss jetzt heute morgen [illegible]

Kastanie

Ein Baum für die Ewigkeit und als Zeichen der Kraft und Stärke

Diese Zeichnung hat Großmutter vor langer Zeit angefertigt. Ob es den Setzling der Kastanie darstellt oder nicht, ist dabei egal. Die Zeichnung ist wunderschön!

Ich schloss einen Moment lang die Augen, genoss die Sonnenstrahlen, die durch die lichter werdende Krone der Kastanie vor unserem Haus schienen, und war im selben Augenblick wieder auf dem Hof meiner Großeltern, auf dem ich aufgewachsen bin. Großmutter Sophie hat uns den damals noch jungen Baum geschenkt, als wir hier einzogen. Sie wollte mir damit ein Stück Heimat an den Ort mitgeben, an dem ich mich, wie sie genau wusste, gar nicht heimisch fühlte.

Noch heute leide ich ein wenig unter diesem Heimweh, doch es ist besser geworden, seit ich die Kastanie eingepflanzt habe, die zunächst in etwa so ausgesehen hat wie ein Besenstiel mit einer Knospe, und wenn nicht auf dem Etikett, das daran hing, wirklich gestanden hätte, dass es sich um eine Kastanie handelt, hätte ichs wohl auch nicht geglaubt.

Als Großmutter mir die Kastanie mit dem kleinen Etikett schenkte, steckte sie mir noch dieses kleine Bildchen zu. Wie passend! Denn der Besenstiel mit Knospe sah tatsächlich aus wie das geschenkte Pflänzchen!

Aber mit Bäumen ist es wie mit vielem anderen im Leben, wie mit Kindern zum Beispiel:

Wer klug ist,
tut ganz einfach sein Bestes
und muss abwarten
und darauf vertrauen können,
dass die Dinge dann prachtvoll gedeihen.

»Geduld bringt Rosen«, pflegte Sophie zu sagen, oder eben auch Bäume, wie in meinem Falle. Jetzt, nach fast zehn Jahren, steht Sophies Kastanie prachtvoll da und schüttelt sich geradezu vor Vergnügen, wenn unsere Tochter Maxie mit ihren Puppen darunter ein Picknick veranstaltet. Unsere junge Kastanie ist schon jetzt genauso geduldig und gastfreundlich wie die uralte, wohl hundertjährige in Christianssiel, unter der wir in lauen Juninächten oftmals bis spätabends saßen, Geschichten erzählten und wohl auch ein paar andere Dinge besprachen, während die Glühwürmchen die Szene beleuchteten.

Das Läuten der Küchenuhr riss mich aus meinen Träumen. Ich hatte an diesem Septembernachmittag ein großes Blech Pflaumenkuchen gebacken und einen großen Topf herrlich duftender Kirschmarmelade angesetzt. Das Rezept der Marmelade hat Großmutter mündlich an meine Mutter weitergegeben und diese wiederum an mich: So ist das eben mit den Erinnerungen und den Traditionen: Innerhalb der Familie werden sie immer wieder weitergereicht, sodass sie und natürlich die Menschen, von denen sie stammen, nie in Vergessenheit geraten.

Großmutter hat immer gesagt, dass *durch das Weitergeben von Werten und Traditionen Liebe, Geborgenheit und Halt in den Herzen entstehen.* Wie Recht sie doch damit wieder hatte!

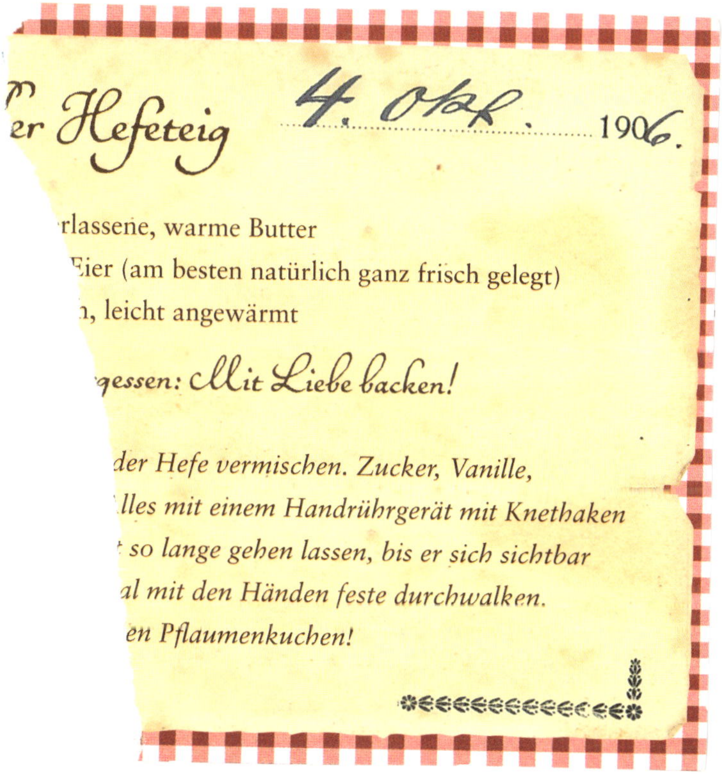
er Hefeteig 4. Okt. 1906.

rlassene, warme Butter
Eier (am besten natürlich ganz frisch gelegt)
, leicht angewärmt

gessen: Mit Liebe backen!

der Hefe vermischen. Zucker, Vanille,
lles mit einem Handrührgerät mit Knethaken
so lange gehen lassen, bis er sich sichtbar
al mit den Händen feste durchwalken.
en Pflaumenkuchen!

Und da ich dieses Weiterreichen von Erinnerungen und Traditionen gleichermaßen umsetzen will, lege ich hier das Rezept des unverwechselbaren Hefeteiges meiner Großmutter bei.

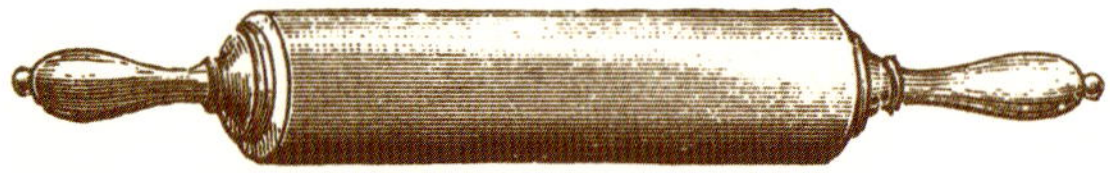

Backen und Marmelade einkochen ist etwas, wozu ich normalerweise nicht komme, wenn ich arbeiten muss, aber die Kinder waren ohnehin krank, und ein feiner Kuchen, dachte ich mir, würde auch die allgemeine Stimmung beträchtlich heben.
Wenn dieser wunderbare Duft von frischem Hefekuchen und Marmelade durchs Haus zieht, weckt das selbst in Härtefällen erfahrungsgemäß sämtliche Lebensgeister. Selbst die Hunde haben dann die Nase im Wind und schauen einen mit diesem hungrigen

»Ach-bitte-gib-mir-doch-ein-Stückchen«-Blick an, und es ist schon schwer, den seelenvollen Augen eines Cockerspaniels zu widerstehen. Auch dem Rest der Familie würde der Kuchen und die Marmelade gut tun.

Ganz schön unbequem, diese alten Wärmflaschen. Aber ich finde sie auf alle Fälle viel hübscher als die aus der heutigen Zeit. Sie sind wunderbar romantisch, oder nicht?

Den ganzen Morgen über war ich mit Wärmflaschen für die einen und Wadenwickeln für die anderen und WickVapoRub für alle von A nach B gehastet und wieder retour. Auch meinen Mann hatte es erwischt, und Männer sind, wie jede Frau von Verstand, Geschmack und Bildung weiß, stets sehr krank, wenn sie krank sind, auch wenn sie nicht sehr krank sind. Aber im Augenblick war da oben alles still. Anscheinend schliefen alle schon tief und fest.

Wie sagte Großmutter immer:

Der Himmel gab den Menschen
als Gegengewicht gegen alle Mühseligkeiten
des Lebens drei Dinge: die Hoffnung, das
Lachen – und ganz wichtig: den Schlaf!

Also goss ich mir einen frischen Kaffee auf, schnitt ein großzügig bemessenes Stück Kuchen vom Blech, probierte ihn mit einer kleinen Gabel und setzte mich in Großmutter Sophies Sessel. Der Schlüssel für die Schublade des Kästchens lag noch immer auf meinem Schoß.

Vorsichtig öffnete ich den Deckel. Wohl sortiert lagen hier Garnrollen aller Formen und Farben sowie Scheren, Stick- und Stopfgarne, sorgfältig aufgewickelte Litzen, hübsche Fingerhüte, ein Stopfei und – ja, die Strickliesel, die ich schon als Kind hatte! Mein Gott, die hatte ich ja ganz vergessen!

Auch das Nadelbüchlein entdeckte ich, das ich als Kind selbst gebastelt und inzwischen völlig vergessen hatte, aber jetzt war alles wieder da: Großmutter hatte mir aus dickem Filz drei »Seiten« zugeschnitten und gemeinsam hatten wir einen bestickten Umschlag dazu gearbeitet, aus einem alten Mantelstoff, den ich mit beigefarbenem Garn umsäumt hatte.

Das größte Glück im Leben: sich über alles immer und immer wieder freuen zu können, als ob es das erste Mal wäre.

Und auch die alte verrostete Blechdose fand ich, in der Großmama die Dinge aufbewahrte, die leicht verloren gehen: feine Kragenknöpfchen und Nadeleinfädler zum Beispiel und jede Menge Haken und Ösen, und gleich kam mir eines von Großmutters schönsten Märchen in den Sinn: die Geschichte vom Froschkönig, denn ich wollte als Kind immer wieder wissen, was es mit diesem Erdal-Frosch auf der Schuhcremedose auf sich hatte. Ein paar Haken und Ösen hat Großmutter in die Geschichte auch noch auf eigene Faust mit eingebaut, und so lernten wir, dass das Leben nicht ohne Haken und Ösen auskommt … *»So ist das Leben nun mal. Und klug ist, wer das hinnimmt wie´s Wetter. Das kann man nämlich auch nicht ändern!«*, sagte sie uns immer wieder.

Verzage nicht! Das Unglück kann die Quelle deines Glücks sein.

Nun war ich aber mittlerweile neugierig auf die Schublade, die sich unter dem eigentlichen Nähkastenteil befindet! Ich nahm den Schlüssel aufgeregt in die Hand und steckte ihn vorsichtig ins Schloss, drehte ihn herum und tauchte sofort in eine Welt der Erinnerungen und Gefühle wie Geborgenheit, Liebe und Sehnsucht ein.

Hier fand ich ein Stück von Großmutters geheimster Welt: das kleine Büchlein, mittlerweile natürlich mit etwas vergilbten Seiten und einigen Stockflecken. Auf der ersten Seite des kleinen Büchleins stand folgendes Sprichwort:

Ein Buch ist wie ein Garten, den man in der Tasche trägt.

Der Inhalt dieses Büchleins erschien mir mehr wert als alles andere auf dieser Welt: Eine wunderbare Sammlung jener Zitate, Lebensweisheiten und Glücksrezepte, über die Großmutter, wenn sie im Schein ihrer alten Berliner Lampe dasaß und Socken stopfte, nachdachte, füllte dieses einzigartige Buch. Und hier fand ich endlich auch die Niederschrift des bislang nur mündlich überlieferten Kirschmarmeladenrezeptes.

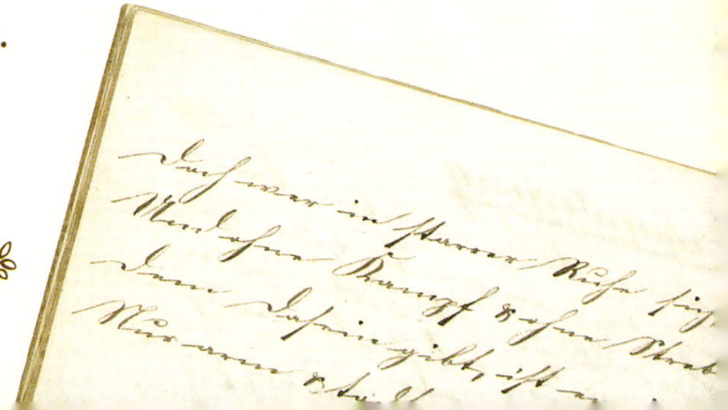

Hier war es also, das berühmt-berüchtigte Marmeladenrezept von Großmutter, schwarz auf weiß stand es nun in diesem Büchlein. Es war das Rezept für die Kirschmarmelade, von der Sophie immer sagte, dass, wenn man von dieser nur ein kleines Löffelchen kostete, man für immer und ewig eine besondere Wärme ums Herz spüren würde!

Mein geheimstes Kirschmarmeladenrezept

für die Glückseligkeit

Man nehme:

850 g sonnengereifte, möglichst selbst und mit Liebe gepflückte Kirschen

2 frische, wunderbar duftende Holunderblütendolden, die Blüten vorsichtig ausgezupft (man kann auch gezupfte Lavendelblüten nehmen!)

eine Zimtstange, wenn man mag

1 kg Gelierzucker

2 EL köstliches Kirschwasser

Vorsichtig werden die entsteinten Kirschen durch den Fleischwolf gedreht. Das Mus mit Gelierzucker verrühren, die Zimtstange dazulegen. Kurz aufkochen und dann ca. 5 Minuten leicht köcheln lassen. Die abgezupften Holunderblüten (oder Lavendelblüten) mit dem Kirschwasser daruntermischen, die Zimtstange weglegen und die Marmelade noch heiß in warme, trockene Einmachgläser abfüllen. Wichtig: Gläser schnell fest verschließen!

Unter dem Rezept hatte Großmutter noch folgende persönliche Worte vermerkt: *Dieses Rezept soll immer und ewig jedes Familienmitglied daran erinnern, wie herrlich die gemeinsam verbrachten Sommer bei uns zu Hause waren. Der köstliche und unverwechselbare Duft meiner Kirschmarmelade soll immer wieder durch das Haus ziehen, an glückliche Zeiten erinnern und das Glück an alle weitergeben!*

In dem Büchlein fanden sich also einzigartige Glücksrezepte und Lebensweisheiten wie auch das geheimnisvolle Rezept von Großmutters Kirschmarmelade. Und hier und da notierte sie sich in ihrer krakeligen Handschrift einen spontanen Gedanken wie *»Das müssen wir unbedingt unserem Hans-Christian schicken«* oder *»Guter Marmeladenglas-Spruch«* dazu.

In diesem Umschlag befindet sich eine Einkaufsliste
für die Zutaten der Kirschmarmelade!

Als ich Kind war in Christianssiel, saß ich des Abends auf dem Fußhöckerchen neben eben diesem Nähkästchen in der Küche und wartete geduldig darauf, dass noch eine Geschichte für mich und die beiden süßen Cockerspaniels abfiel, die zu ihren Füßen auf der anderen Seite lagerten und der nächsten Mahlzeit entgegenträumten, ganz wie unsere beiden heute.

Hin und wieder schauten sie Sophie mit demselben bittenden Blick an wie unsere Cocker, wenn es süße Nusstaler gibt. Meine Großmutter ließ sich natürlich auch nie lange bitten. Ich versuchte währenddessen einen dicken Faden durch ein Nadelöhr zu schieben, das mir viel zu klein dafür schien. Ich erinnere mich noch, dass ich alle Handarbeiten, die Großmutter aus ihrem Nähkästchen zog, zunächst furchtbar öde fand. Aber es gab natürlich auch keinen anderen Weg, an Großmutters Geschichten zu kommen.

So kam es, dass all meine Cousinen und Cousins, die in den Ferien auch auf den Hof kamen, sich ebenso wie ich auf die Kunst verstanden, Knöpfe anzunähen und Socken zu stopfen, noch bevor wir schreiben konnten. Auch die Jungs wohlgemerkt, denn Großmutter fand, dass zumindest eine Grundausbildung in diesen Dingen auch ihnen gut anstand. Immerhin, erklärte sie, weiß man nie, wo und wann einem die Hose reißt, was sie vor allem bei offiziellen Anlässen oder im Theater gern tun, und dann steht man schon ganz schön dumm da. Aber jede Garderobenfrau hat Nadel und Faden parat und so könne man stets das Schlimmste abwenden …

Wer wollte, konnte auch stricken, sticken und häkeln lernen, einen Rucksack nähen oder ein Paar lange Hosen in ein Paar kurze verwandeln. Die Ergebnisse sahen dementsprechend denn auch eher wie etwas aus, das die Katze reingeschleppt hat.

Und doch: Mit der Zeit wurde das, was da so ganz langsam – allzu langsam, wie uns schien – unter unseren Händen entstand, immer besser. Und wissen Sie, was seltsam ist? Wann immer wir uns auf einem Familientreffen Großmutters Nähkästchenplaudereien entsinnen, versichern alle übereinstimmend, dass sie dieses schöne Bild immer dann vor Augen haben, wenn sie zu Nadel und Faden greifen.

Mein Cousin Hans braucht nur einen Knopf anzunähen, und schon sei sie wieder da, sagt er – die Geschichte vom *»Hans im Glück«*, der so dumm ist und doch so klug. Oder die Mär vom *»Tapferen Schneiderlein«*, dem trotz all seiner Handicaps alles zum Besten gelingt, weil es so außerordentlich pfiffig und mutig ist, dennoch aber immer fair bleibt.

Manchmal verteilte Großmutter Sophie solche Glanzbilder, während sie Märchen erzählte. »Damit ihr euch alles auch bildlich gut vorstellen könnt!«

Meine Großmutter hat sie uns alle erzählt. Die Grimm´schen Märchen und die aus »Tausendundeiner Nacht«, natürlich auch die von Hans Christian Andersen und den deutschen Romantikern, die manchmal so hinreißend kraus sind: Achim von Arnim, Clemens Brentano, E.T.A. Hoffmann, das sind Namen, die mir zuweilen durchs Gemüte ziehen und mir den Willemshof in Erinnerung rufen. Sophie pflegte zu sagen:

Erinnerung,
das ist das einzige Paradies,
aus dem wir nicht
vertrieben werden können!

Und deswegen ist es gut, wenn man sich beizeiten ein paar Reserven anlegt, von denen man in schlechten Zeiten zehren kann. *»Denn Glück«*, behauptete Sophie, *»kann man fast so einmachen wie Kirschmarmelade.«*

Und sie riet uns immer wieder: *»Schreib dir zuweilen einen Satz oder eine schöne Beobachtung auf und trage den Text einen ganzen Tag lang in deinem Herzen, bevor du ihn dann in ein Notizbuch einträgst, das du dann als so genanntes Glücksbuch an deine Kinder oder Enkel weitergeben kannst. Glaub mir, das ist einer der Schlüssel zum Glück!«*

Wenn du eine Lebensweisheit, ein Sprichwort oder ein Zitat hast, an das deine Seele andocken kann, was brauchst du dann mehr? Wie oft steckt man in einer Situation, in der man sich über andere ärgert, sich nicht verstanden fühlt, oder das Gefühl hat, dass andere Menschen dem Glück immer viel näher stehen als man selbst.

Wenn einem dann in derartigen Situationen aufmunternde Sentenzen, sei es nur ein Schnipsel aus der Zeitung oder eine kurze Notiz, in die Hände fallen, wie: *»Messe dich niemals am Glück der anderen! Denn glücklich ist nicht, wer anderen so vorkommt, sondern wer sich selbst dafür hält!«*, dann fällt alles, was uns bis dahin bedrückt hat, von uns ab!

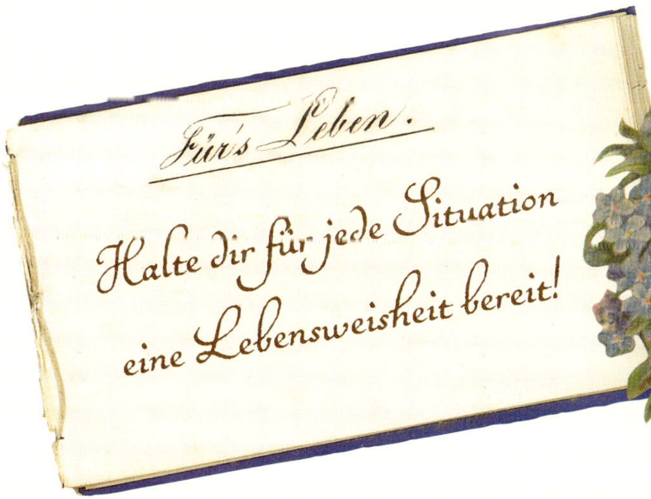

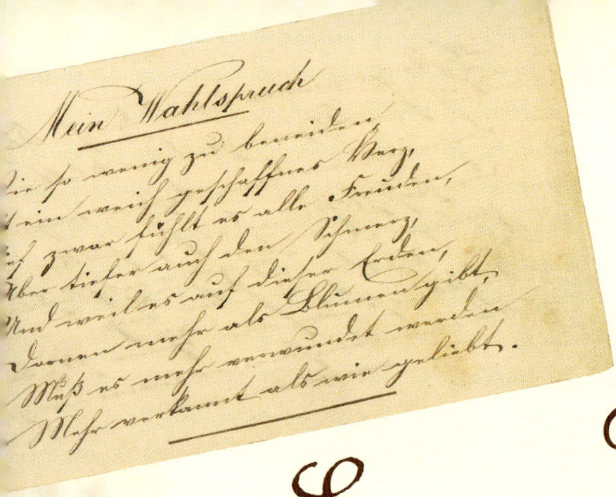

Mein Wahlspruch

Sophie pflegte immer zu sagen: *»Notiert euch jeden Tag etwas, Kinder, denn ein einziger guter Gedanke lässt euch mit tausend Widrigkeiten fertig werden!«*

Ich habe auch immer wieder versucht, mir einmal täglich eine Lebensweisheit aus der Literatur vorzunehmen, so wie man pflichtschuldigst, aber ohne große Lust seine Vitamine einnimmt. Leider bin ich aber vor lauter Alltagsstress und Zeitnot doch immer wieder davon abgekommen. Wann lässt uns dieser, sich mit großer

Geschwindigkeit drehende Globus schon mal Zeit, innezuhalten? Und wenn mich nicht alles täuscht, legt er Jahr für Jahr immer noch einen Zahn zu ... Langsamer leben, das wärs, aber wie macht man das, wenn man seine Brötchen verdienen muss? Und das ist ja weiß Gott nicht gerade leichter geworden in der heutigen Zeit. Wir haben so viel mehr Stress heute als meine Großmutter damals, als sie uns das Nähen beibrachte und wie man mit etwas Geduld aus zwei Dutzend Fetzchen Stoff einen wunderbaren Patchworkstern macht. Viele Menschen begreifen einfach nicht, dass sie die Zeit nicht überholen und verlorene Zeit auch nie wieder finden können! Großmutter pflegte uns in hektischen Zeiten immer wieder zu sagen: *»Das einzige Mittel, Zeit zu haben, ist, sich Zeit zu nehmen!«*

Dieses Zettelchen fiel mir kürzlich
beim Stöbern in alten Sachen
in die Hände. Ich habe es seitdem
auf meinem Nachttisch liegen,
damit ich jeden Morgen beim
Aufstehen daran erinnert werde,
dass das Kostbarste die Zeit ist.

Meine Großmutter ging dabei stets mit dem besten Beispiel voran und nahm sich insbesondere die Zeit für uns. Da konnte dazwischenkommen, was mochte. Sie hat uns allen ihre berühmten »Carepakete« geschickt, nach Heidelberg, nach Göttingen, nach Hamburg, München und Berlin. Sie kamen immer zu Anfang des Semesters, dann gab es noch mal eines zu Weihnachten und zu den Geburtstagen natürlich auch, und Großmutter hat sich stets für jeden ihrer Enkel etwas Besonderes ausgedacht.

In jedem dieser wunderschönen Pakete war etwas anderes, und auch die handgeschriebenen Zettelchen und geheimnisvollen Botschaften auf Postkarten, die sie mit einpackte, die Bücher – all das war wohl überlegt und von Herzen für jeden Einzelnen vorbereitet.

Christianssiel

Ihre in liebevoll beschrifteten Gläsern eingemachte Marmeladen jedoch bildeten immer den Grundstock. Ihre berühmte Kirschmarmelade, aber auch das unvergleichliche Pflaumenmus oder ihr leckeres Birnengelee schickte sie alljährlich an ihre ziemlich umfängliche Nachkommenschaft. Bis Ende Oktober, bis die Kürbisse eingelegt waren, hatte sie voll zu tun und dann ging es so langsam mit dem Plätzchenbacken los.

Wie sagte Großmutter immer so schön:

Lass keinen Tag vorbeigehen,
ohne anderen
– und damit auch dir selbst –
eine Freude zu machen.

Für uns waren diese Pakete immer wie ein Stück Heimat. Sie dufteten je nach Jahreszeit nach Zimt, Vanille oder Zitronenmelisse, nach Christianssiel und Heimat und dem hohen Himmel über dem Willemshof. Sie bargen die langen Sommer unserer Kindheit in sich, die Erinnerung an die Großeltern und an das, was sie uns mitgegeben haben, an den Obstgarten und die riesige Himbeerhecke und die heißen Nachmittage, an denen wir unter dem schon fast abgeernteten Kirschbaum saßen, Kirschkernweitspucken veranstalteten oder nur in dem verwilderten Garten herumtobten.

Wir tranken unsere geliebte Brause dazu (mit Himbeer- oder Waldmeistergeschmack), und manchmal kniff der Magen auch ein wenig, wenn wir nebenher zu viel Kirschen gegessen und danach erhitzt das kühle Brausenwasser heruntergestürzt hatten. Aber selbst dieses Bauchweh erscheint mir heute in der Erinnerung wunderbar.

Die Jungs veranstalteten währenddessen untereinander allerlei Wettbewerbe im Rennen, Weitspringen oder Steineschleudern, weswegen die Arbeit, wie sollte es auch anders sein, im Wesentlichen von uns Mädchen getan wurde. Das war schon immer so und wird wohl auch immer so bleiben. Die Mädels waren natürlich auch beim Kirschenpflücken die Fleißigeren. Wie endlos lang erschienen uns diese wunderbaren Nachmittage im Garten, da die Hitze zwischen den Föhren zu stehen schien und die Zeit gar nicht verging. Kein Laut war zu hören, der Kuckuck rief zuweilen noch aus der Ferne, und hin und wieder meldete sich auch eine Ringeltaube, die uns mit ihrem »Ruckediku« an Großmutters geheimnisvolle Geschichten erinnerte.

Bei unserer Rückkehr aus dem Garten ins Haus
pflegte Großmutter gerne zu sagen:

Der Garten,
das seid ihr!
Nehmt eure Bilder,
eure Erinnerungen
und eure Visionen,
und ihr werdet niemals
ohne Garten sein!

Großmutter hatte wie immer
alles wohl durchdacht.
Sie legte dem Büchlein
ein paar leere
Marmeladenetiketten bei.
Bestimmt hoffte sie,
dass wir ihre Tradition
damit fortführen würden.

Ich habe heute noch eines dieser Gläser meiner Großmutter auf dem Schreibtisch stehen, mit einem von ihr selbst in ihrer feinen, schwungvollen Kalligrafie beschrifteten Originaletikett – sie war eben Künstlerin. Lebenskünstlerin, das merkt man auch hier. *»Kirschmarmelade, September«* steht darauf.

Aber das ist noch nicht alles. Denn Sophie wäre nicht Sophie gewesen, hätte sie nicht auf jedes Marmeladenglas, das sie verschenkte, noch einen Text dazugeschrieben, der ihr zum Empfänger zu passen schien:

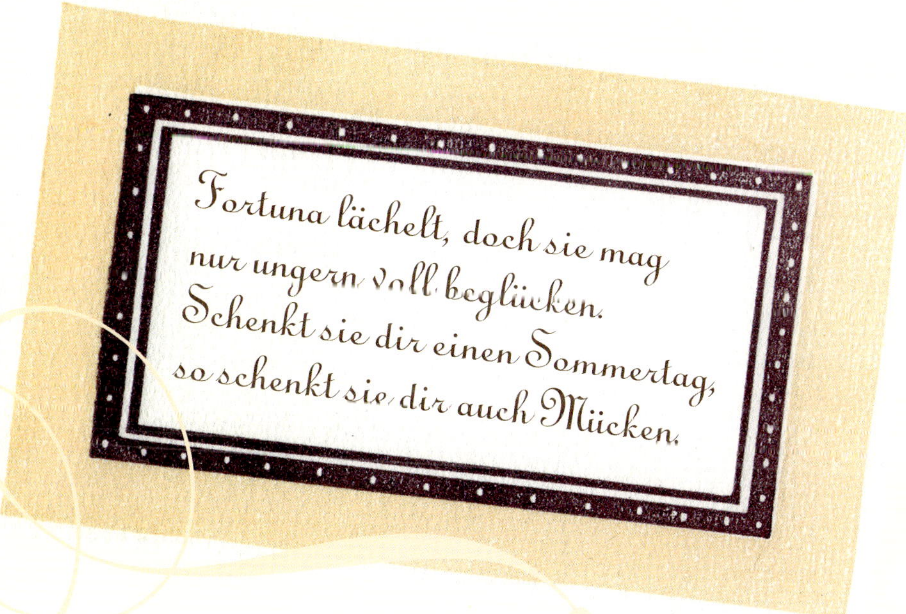

Das Busch-Zitat mit den Mücken hatte sie auf mein Glas geschrieben, weil sie wusste, dass mein Glück immer einen kleinen Stich hatte, wie sie es nannte. Und der Text hat mir damals auch über einen Kummer hinweggeholfen, den ich für größer hielt, als er bei Licht besehen war. Übrigens fand ich genau dieses Zitat auch in dem Büchlein wieder, und zwar mit dem Vermerk, dass es genau das richtige für mich sei. Ich erinnerte mich natürlich auch daran, was sie mir damals im Garten, als ich die Tränen gar nicht mehr zurückhalten konnte, ganz leise zugeflüstert hatte.

Es waren folgende unvergessliche Worte:

Fürchte
die Schatten nicht.
Sie bedeuten lediglich,
dass in der Nähe
irgendwo ein Licht
brennt.

Das Blau der Tinte ist inzwischen ein wenig verblasst, aber die Erinnerung an diesen Sommer noch nicht. Ich sehe Sophie, die immer genauso alt war wie das Jahrhundert, im Garten stehen und Kirschen ernten.

Mein Kirschbaum prangt in voller Pracht
weithin ist es zu sehen.
Er ist mit roten Früchten ganz bedeckt.
Der Kirschbaum, er ist wunderschön.

In ihrem kleinen Notizbuch hatte sie ein bezauberndes Gedicht geschrieben, das mir nahezu die Tränen in die Augen trieb, weil es mich so sehr an die vergangenen Zeiten und an Großmutter selbst erinnerte.

Die Bienen kommen bald herbei,
sie summen auf und nieder.
Das Summen in dem Blütenmeer
verheißt uns Glück und Frohsinn wieder.

Meine Großmutter war damals neunundsechzig und sah wie höchstens fünfzig aus, denn die Enkel hielten sie jung, wie sie immer behauptete. Aber es waren wohl einerseits ihre vielfältigen ehrenamtlichen Aufgaben, die sie wahrnahm. Sie hat sich auf die Kunst verstanden, ihr Leben immer etwas schwieriger zu gestalten, als eigentlich nötig gewesen wäre, sie hat sich immer große Ziele gesetzt, die sie mit Engagement und Begeisterung verfolgte. Andererseits genoss sie das Leben in vollen Zügen! Das hielt sie so jugendlich. Sie war überzeugt davon, dass Alter grundsätzlich eine Frage der Einstellung ist.

„VEREIN GESELLIGKEIT."
(Untfz. der Regiments-Musik.)
Einladungs-Karte
der am Mittwoch, den 13. Januar 1904 in den Sälen der
August Schlechter'schen Brauerei stattfindenden
aschings-Unterhaltung
rauffolgendem BALL. Anfang halb 8 Uhr.
ür
Eingeladen durch

Die Dame gleichzeitig traversez. 8 Schritte auf die linke Seite des andern Herrn.
En avant trois (Anawan trois). Der Herr mit seiner Dame zweimal vor- und rückwärts.
Ronde von rechts und links. 8 Schritte.
Demi chaîne anglaise. Schritte auf den Platz zurück.

V. Tour.

… rechts 8 Schritte, nach

Française.

Arrangiert von

Josef Geiger,

Institutstanzlehrer.

Aber meine Seele ist
eine leidenschaftliche Tänzerin,
sie springt herum
nach einer inneren Tanzmusik,
die nur ich höre und die anderen nicht.

Bettina von Arnim

… dass Großmutter immer alles aufhob! Selbst dieses kleine Programmheft von ihrem Tanzunterricht. Ich habe es immer gewusst, ihr lag der Rhythmus im Blut, und sicher war sie eine begnadete Tänzerin!

In ihrer Küche fand sie die Ruhe, die sie zum Nachdenken brauchte. Sie war davon überzeugt, dass *der Frieden des Herzens und die vollkommene Gemütsruhe allein in der Einsamkeit zu finden sind.*

Die Küche war der schönste Raum des Hauses, zumindest empfand jeder das so. Und Sophie war auch wirklich der Überzeugung, dass es ein Stück Lebensweisheit ist, die Küche zum gastlichsten Raum des Hauses zu machen. Unsere Küche daheim auf dem Willemshof war groß und heiter und in einem so sonnigen Gelb gestrichen, dass man kaum zu heizen brauchte, denn wer reinkam, dem wurde ohnehin warm ums Herz.

Zucker
Salz
Paprika

Die wunderbaren Düfte nach eingekochter Marmelade taten ein Übriges und der Anblick der friedlich vor dem Ofen schlafenden Hunde wohl auch. Am Fenster hatte Sophie ihren Schreibtisch stehen, wo sie ihre Etiketten beschriftete und ihre Briefe schrieb, und zuweilen saß sie hier auch mit ihrem Aquarellkasten und skizzierte mit sicherer Hand eines ihrer Stillleben, die aus einem Blumenstrauß oder einer Schale mit Obst bestehen konnten, mit ein paar Walnüssen davor. Sie verschickte ihre Stillleben oft als Postkarten, auch schnippelte sie manchmal mit flinken Fingern eine Silhouette aus schwarzem Karton, die sie mit in ihre Pakete packte.

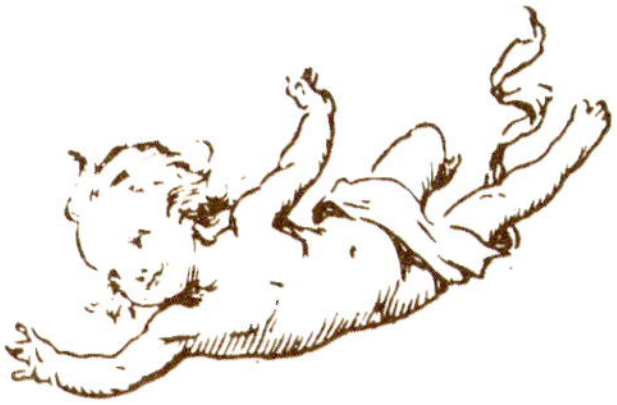

Wenn der Mensch
ch etwas vornimmt,
st ihm mehr möglich,
als er selbst glaubt.

Immer schmückten solche entzückenden kleinen Zeichnungen Sophies Briefe und Postkarten. Schade, dass ich diese Begabung nicht von ihr geerbt habe! Obwohl Großmutter da ganz anders darüber dachte!

Einen Tag lang ungestört
in Muße zu verleben heißt,
jeden Tag ein Unsterblicher zu sein!

Still leben, im wahrsten Wortsinne, denke ich heute manchmal, wie gern würde ich das auch.

Wenn ich meine Ruhe
nicht in mir finde,
dann ist es
wohl auch zwecklos,
sie andernorts zu suchen.

Es ist schwierig, mit drei Kindern, zwei Hunden, einem sehr historischen Haus, das zwar sehr romantisch anzusehen ist, aber leider noch immer einer unübersehbaren Menge von Renovierungen bedarf, die Ruhe zu finden, die ich brauche. Wahrscheinlich werden wir mit dem Haus überhaupt nie fertig. Und abbezahlt ist es natürlich auch noch nicht. Außerdem ist da noch eine Buchhandlung, die man in Zeiten, die nun wirklich nicht leichter geworden sind, auch erst mal durchbringen muss. Manchmal hat mich der Stress dermaßen beim Wickel, dass ich kaum noch schlafen kann.

Das alte Sparbüchlein von Großmutter
ist für mich eine wertvolle Erinnerungsstütze
daran, wie gut es uns doch heute geht!
Mit wie wenig sie doch zurechtkommen musste
und wie froh sie dennoch immer wirkte!

Ich blättere in Großmutters schlauen Büchlein
und finde folgende Bemerkung:

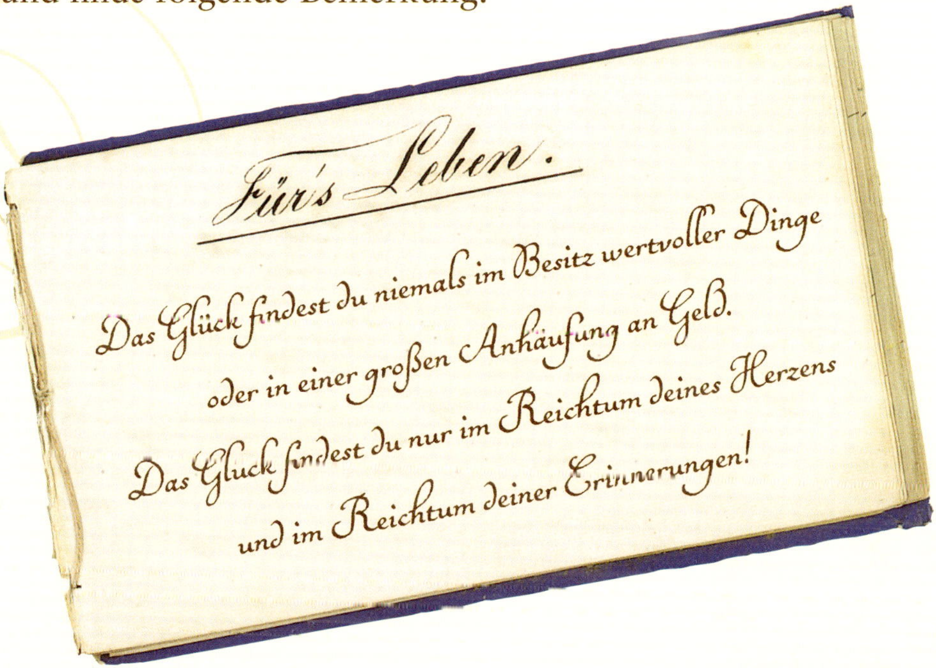

Ich schließe die Augen und merke, wie unendlich gut
mir dieser Satz in diesem Moment tut.

An dem Tag, da Großmutters Nähkästchen eintraf, hatte unsere Briefträgerin wieder mal ein paar Kontoauszüge mitgebracht, nach denen ich eigentlich einen Schnaps gebraucht hätte. Es nützt auch nicht gerade sehr, wenn in dem Augenblick, da man seine Post aufmacht, gerade die Kuckucksuhr zur vollen Stunde ruft. Katharina, die Briefträgerin, und ich hatten am Morgen einen Kaffee in der Küche getrunken und uns gegenseitig getröstet. Es hilft nämlich sehr, wenn man weiß, dass andere Menschen sich wegen ähnlicher Dinge einen Kopf machen …

Doch dann fiel mir mit einem Blick auf Großmutters Kirschmarmeladenglas etwas ein, das sie immer wieder zu uns gesagt hatte:

Jede einzelne Minute, die du dich ärgerst, kostet dich sechzig Sekunden des Glücks.

Das sagt sich alles so leicht!

Tu etwas Nützliches,
wenn dich der Alltag beim Wickel hat,
koche Marmelade ein oder backe
einen Kuchen, da haben alle was davon.

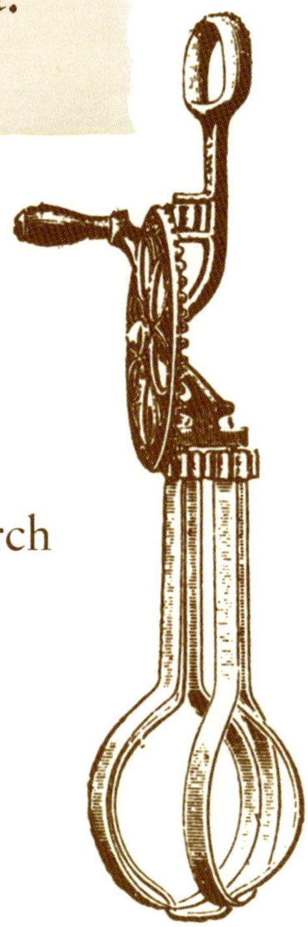

Mein Gott, wenn ich noch an Großmutters Marmeladen denke! Und an ihre Butter- und Apfelkuchen, deren betörender Duft durch das ganze Haus zog und im Nu alle zu einem spontanen Gelage in die Küche lockte …

Dem Himmel sei Dank, habe ich viele ihrer Rezepte früher einmal mitgeschrieben. Aber ich hatte bei weitem nicht alle. Viele ihrer unvergleichlichen Köstlichkeiten, die sie wie einen Berg Eischnee aus dem Handgelenk zauberte, lassen sich so nicht mehr hinbekommen. Ich habe es zwar immer wieder versucht, aber mit wechselndem Erfolg. Die Originalrezepte scheinen für immer und ewig verschollen.

Und doch: Wenn ich die roten und schwarzen Johannisbeeren vom Markt holte und mit einem sonnenwarmen Korb Pfirsiche oder Aprikosen auf dem Fahrrad heimradelte, dann war es wieder da, das Glück meiner Kindheit, auch wenn die Marmelade hinterher eine Spur anders schmeckte. Und Linzer Torte ließ sich immer noch daraus machen, auch wenn die eine oder andere Konfiture mal nicht steif werden wollte. Das ist eigentlich alles unwichtig. Denn mit dem Einmachen ist es wie mit allem anderen kreativen Handeln: *Der Weg ist das Ziel.*

»So versäumen manche das kleine Glück, während sie vergebens auf das große warten«, war eine von Sophies Lieblingsweisheiten. *»Carpe diem, nutze den Tag, pflücke den Tag«*, heißt es eigentlich, *»wie einen reifen Apfel. Lass nie die Chancen eines Tages ungenutzt.«*

All ihre Romane standen in Großmutters Bücherregal. Und den, den sie gerade wieder einmal las, deponierte sie stets in der Speisekammer, gleich neben ihrem Vorrat an Schokolade, damit sie, während sie kochte, auch ein wenig Nervennahrung habe, sagte sie, wenn ihr der Alltag wieder einmal zusetzte.

Großmutter hatte eine beeindruckende Sammlung an Büchern. Sie sagte immer: »Nur wer liest, lebt.«

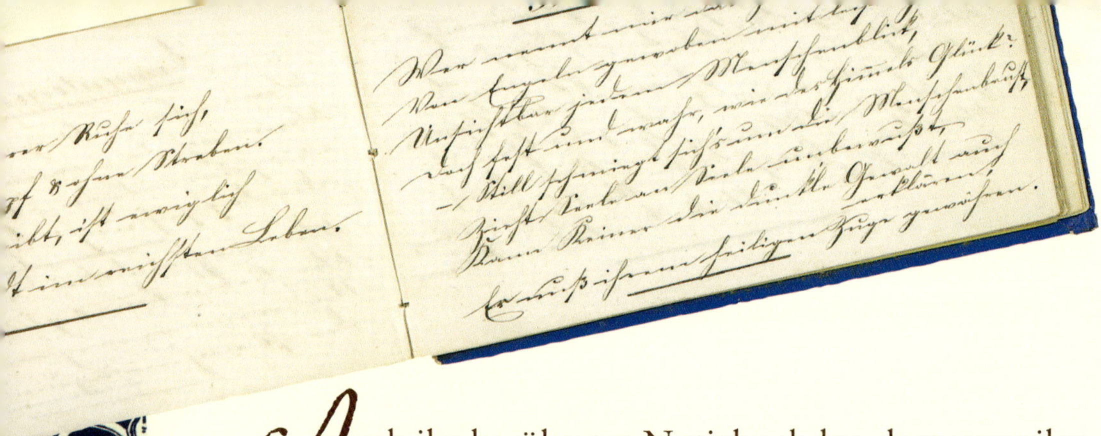

Auch ihr berühmtes Notizbuch lag dort zuweilen, in dem sie ihre ganz persönlichen Glücks- und Marmeladenrezepte notierte, daran erinnere ich mich noch genau. Aber später ist dieses Notizbuch irgendwie verschütt gegangen. Ich hatte meine Cousins danach befragt, aber keiner hat mir Auskunft geben können. Das Buch war weg. Und es blieb auch verschwunden. Solche Dinge passieren eben manchmal, auch wenn man sagt, dass ein Haus nichts verliert. Manche Dinge gehen aber in den Untergrund und nur mit sehr viel Glück findet man sie vielleicht mal wieder.

Bis zu dem Tag, da Sophies Nähkästchen eintraf, glaubte ich, dass ich diese unverwechselbare Kirschmarmelade nie wieder so hinbekommen würde, wie sie es machte. In unserem Garten hatte ich exakt dieselbe Sorte gepflanzt, die bei uns daheim auf dem Willemshof wuchs. Aber ich habe diesen unvergleichlichen Geschmack nie treffen können, irgendetwas fehlte daran, und ich bin nie darauf gekommen, was es gewesen sein kann. Bis ich den geheimnisvollen Schlüssel dazu in den Händen hatte.

Ich war noch ganz in Träumen versunken, als mich plötzlich unsere Maxie am Arm zupfte. Der Pflaumenkuchen tat offensichtlich seine Wirkung. Ich machte dem Kind einen Kakao und sah mit Freude, dass sie dem Kuchen beherzt zusprach. Maxie ist ein liebes und pflegeleichtes Kind, was ich nicht unbedingt von all unseren Sprösslingen behaupten kann. Sie bewunderte das Nähkästchen sehr, auch der Stuhl gefiel ihr. Ich hatte ihr erzählt, wie ich einst neben meiner Großmutter auf einem Höckerchen gesessen und ihren fabelhaften Geschichten gelauscht hatte, und was tat das Kind? Meine Tochter zog sich den Fußschemel heran, den sie braucht, um ans Spülbecken zu kommen, hockte sich neben mich, pfiff die Cocker heran, die ihr im Unterschied zu mir aufs Wort folgen, und bat mich um eine Geschichte.

»Na gut«, sagte ich, »ich erzähl dir Großmutters Lieblingsgeschichte. Es ist die Geschichte der langen Löffel.« Diese hatte ich in Großmutters Notizbuch zusammengefaltet in einem Briefumschlag gefunden.

Dieser Briefumschlag purzelte mir aus Großmutters geheimem Notizbüchlein entgegen. Er beinhaltete die Geschichte, die Großmutter scheinbar sehr beeindruckt hatte. Denn neben der Geschichte hatte sie mit hauchzarter Schrift notiert: »Wie wunderschön!«

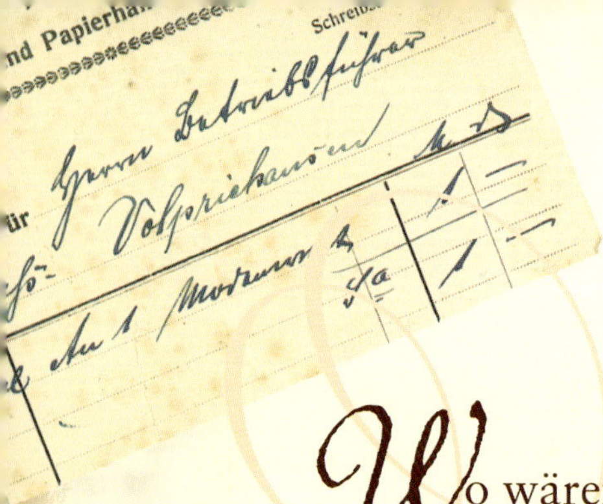

Wo wären wir nur ohne Großmutters Erzählungen, frage ich mich heute manchmal, wenn ich des Abends unseren eigenen Kindern Geschichten vorlese, wenn mir auch nach einem langen anstrengenden Arbeitstag selbst eher die Augen zufallen als den meinen. Hätten wir jemals erfahren, dass dem Guten schließlich auch das Glück zufällt, während der Bösewicht, der alles für sich will, schließlich leer ausgeht? Manchmal scheint es im richtigen Leben so, als wäre es gerade umgekehrt – und doch, wer weiß ...

Gezählt wird immer erst am Schluss …

… so pflegte Sophie zu sagen, denn auf die Dauer kann niemand gegen sein Gefühl und auch nicht gegen sein Gewissen anleben. Jede kleine List, jeder kleine Vorteil, den man sich auf Kosten anderer verschafft, lastet schließlich auf dem Unehrlichen. Und irgendwann lernt er das auch.

Unsere Großmutter hat uns direkt und indirekt über ihre raffiniert eingefädelten Märchen so viele Werte vermittelt und so viel über Ehrlichkeit, Beharrlichkeit und Großmut, Gelassenheit und Feingefühl gelehrt. Selbst über scheinbar Veraltetes wie Demut oder Einfachheit wusste sie stets Überzeugendes zu berichten.

Und wenn es nichts Passendes gab, so dachte sie sich eben schnell selber etwas aus, weswegen sie zuweilen auch ihre eigenen Geschichten hinzuschmuggelte: Sie erfand schon mal das eine oder andere Märchen, wenn sie spürte, dass uns etwas zu schaffen machte. Dann holte sie ihr Notizbuch hervor, in dem sie eine Weile blätterte, und erzählte uns kluge Geschichten über die Liebe, über Menschen, die ihren Idealen treu bleiben, oder Fabelwesen, die sehr sehr weise waren.

Sophie hielt sehr viel von gutem Benehmen, von Stil und Etikette und war immer bemüht, all dies geschickt verpackt an uns weiterzugeben. Sie sagte, dass gutes Benehmen das manchmal komplizierte Zusammenleben der Menschen erleichtere. Scheinbar hat sich diesbezüglich bis heute nichts geändert!

In der kleinen Anstandslehre standen Begriffe und Werte, die Großmutter mit einem roten Stift umrandet hatte. Bei Herzensbildung hatte sie gleich drei Ausrufezeichen dahinter gemacht! Übrigens hatte meine Mutter mir diese Anstandslehre eines Tages in die Hand gedrückt, als ich mal wieder über das schlechte Benehmen einiger Arbeitskollegen schimpfte.

Anstands-Lehre

von

Jos. Geiger,

Institutstanzlehrer

aus

RAVENSBURG.

A. Ulrich, Ravensburg.

Buchdruckerei Acherer, Lindau

Langsam ließ ich das kleine Weisheitenbuch auf meinen Schoß zurücksinken. Großmutter war einfach eine wunderbare Frau und ich habe mir all ihre Glücksregeln und ihre Lebensweisheiten sehr zu Herzen genommen. Wer hätte ahnen können, dass ich sie eines Tages doch wieder fein säuberlich zusammengeschrieben in meinen Händen halten würde. Großmutter war es gewesen, die mir beigebracht hatte, zu wissen, wie schön die Welt ist und wie viel Pracht sich in den kleinsten Dingen, in irgendeiner Blume, einem Stein, einer Baumrinde oder einem mit rührenden Sätzen versehenen Kirschmarmeladenglas offenbaren kann.

72
Villa

Heute war mein Glückstag, ich hatte das Gefühl, dass der Kreis sozusagen wieder geschlossen war. Mit dem Auftauchen des verschollen geglaubten Büchleins war etwas passiert, was ungeahnte Kraft und Freude besaß: das Erhalten von wunderbaren Erinnerungen, die Möglichkeit des Weitergebens alter und bedeutender Werte an meine eigene Familie sowie die Möglichkeit, Großmutter, so wie sie war, noch besser in unseren Herzen zu bewahren, indem man ihr Gedankengut, oder noch besser Herzensgut, wieder bei sich hatte.

Mit dem Auffinden von Großmutters Notizbuch wurde mir bewusst wie nie zuvor, wie wichtig es ist, für sich selbst eine eigene Definition des Glücks zu finden. Durch die Glücksrezepte meiner Großmutter konnte ich mir meine Idee vom Glück aufbauen. Und ich selbst begriff, dass ich meinen Kindern und meinen Enkeln etwas Ähnliches schenken sollte. Denn nur so kann Glück auch weitergegeben werden.

Rothenburg ob der Tauber, im Sommer 2005, zur Kirschzeit.

Wenn ich meine Ruhe

nicht in mir finde,

dann ist es
wohl auch zwecklos,
sie andernorts zu suchen.

Der Himmel gab den Menschen
als Gegengewicht gegen alle Mühseligkeiten
des Lebens drei Dinge: die Hoffnung, das
Lachen – und ganz wichtig: den Schlaf!

Glück kann man
fast so einmachen wie
Kirschmarmelade.

Ein Buch ist wie ein Garten,
den man in der Tasche trägt.

Wenn der Mensch
sich etwas vornimmt,
so ist ihm mehr möglich,
als er selbst glaubt.

Einen Tag lang ungestört
in Muße zu verleben heißt,
jeden Tag ein Unsterblicher zu sein!

Der wahre Friede
des Herzens
und die vollkommene Gemütsruhe
sind allein in
der Einsamkeit zu finden.

So versäumen manche das kleine Glück,
während sie auf das große warten.

Erinnerung,
das ist das einzige Paradies,
aus dem wir nicht
vertrieben werden können!

Das einzige Mittel,
Zeit zu haben,
ist, sich Zeit zu nehmen!

So ist das Leben nun mal.
Und klug ist, wer das hinnimmt
wie's Wetter. Das kann man
nämlich auch nicht ändern!

Schreib dir zuweilen einen Satz oder eine schöne Beobachtung auf und trage den Text einen ganzen Tag lang in deinem Herzen, bevor du ihn dann in ein Notizbuch einträgst, das du dann als so genanntes Glücksbuch an deine Kinder oder Enkel weitergeben kannst. Glaub mir, das ist einer der Schlüssel zum Glück!

Lass nie die Chancen
eines Tages ungenutzt.

Wer klug ist,
tut ganz einfach sein Bestes
und muss abwarten
und darauf vertrauen können,
dass die Dinge dann prachtvoll gedeihen.

Geduld bringt Rosen.

Verzage nicht! Das Unglück kann
die Quelle deines Glücks sein.

Tu etwas Nützliches,
wenn dich der Alltag beim Wickel hat,
koche Marmelade ein oder backe
einen Kuchen, da haben alle was davon.

Für's Leben.

Das Glück findest du niemals im Besitz wertvoller Dinge
oder in einer großen Anhäufung an Geld.
Das Glück findest du nur im Reichtum deines Herzens
und im Reichtum deiner Erinnerungen!

Fürchte
die Schatten nicht.
Sie bedeuten lediglich,
dass in der Nähe
irgendwo ein Licht
brennt.

Gezählt wird immer erst am Schluss.

Messe dich niemals am Glück der anderen!
Denn glücklich ist nicht, wer anderen so vorkommt,
sondern wer sich selbst dafür hält!

Notiert euch jeden Tag etwas, Kinder,
denn ein einziger guter Gedanke lässt euch
mit tausend Widrigkeiten fertig werden!

Der Weg ist das Ziel.

Das Herz
ist der Schlüssel der Welt
und des Lebens.
NOVALIS

Zu Hause ist die Heimat
am schönsten.

Lass keinen Tag vorbeigehen,
ohne anderen
~ und damit auch dir selbst ~
eine Freude zu machen.

Jede einzelne Minute, die du
dich ärgerst, kostet dich sechzig
Sekunden des Glücks.

Carpe diem, nutze den Tag,
pflücke den Tag wie einen reifen Apfel.

Fol.
4. Okt. 1906.

Durch das Weitergeben
von Werten und Traditionen
entstehen
Liebe, Geborgenheit und Halt
in den Herzen.

Das größte Glück
im Leben: sich über alles
immer und immer wieder
freuen zu können, als ob es
das erste Mal wäre.

Der Garten,
das seid ihr!
Nehmt eure Bilder,
eure Erinnerungen
und eure Visionen,
und ihr werdet niemals
ohne Garten sein!

Aber meine Seele ist
eine leidenschaftliche Tänzerin,
sie springt herum
nach einer inneren Tanzmusik,
die nur ich höre und die anderen nicht.

BETTINA VON ARNIM

Kirschmarmelade macht glücklich!

© 2006 arsEdition GmbH, München
Alle Rechte vorbehalten

Text: Eva-Maria Altemöller
Fotografien: S.15,16,21,60,61,62,63,70,71: Heinz Hirz
S.75: Annegret Schackmann
Layout und Gestaltung: Romy Gallina
Redaktion: Friederike Spieth

Printed by Tien Wah Press
ISBN -13: 978-3-7607-1539-1
ISBN -10: 3-7607-1539-7

www.arsedition.de